CHWEDLAU CYMRU

Y MÔR

Argraffiad cyntaf: 2023
Ⓗ testun: Fiona Collins
Ⓗ lluniau: Natalie Griffiths

Cedwir pob hawl.
Ni chaniateir atgynhyrchu unrhyw ran o'r cyhoeddiad hwn,
na'i gadw mewn cyfundrefn adferadwy, na'i drosglwyddo
mewn unrhyw ddull na thrwy unrhyw gyfrwng, electronig, electrostatig,
tâp magnetig, mecanyddol, ffotogopïo, recordio, nac fel arall,
heb ganiatâd ymlaen llaw gan y cyhoeddwyr, Gwasg Carreg Gwalch,
12 Iard yr Orsaf, Llanrwst, Dyffryn Conwy, Cymru LL26 0EH.

Rhif Llyfr Safonol Rhyngwladol:
978-1-84527-855-7

Cyhoeddwyd gyda chymorth Cyngor Llyfrau Cymru

Dylunio'r clawr: Gary Evans

Cyhoeddwyd gan Wasg Carreg Gwalch,
12 Iard yr Orsaf, Llanrwst, Dyffryn Conwy, Cymru LL26 0EH.
Ffôn: 01492 642031
e-bost: llyfrau@carreg-gwalch.cymru
lle ar y we: www.carreg-gwalch.cymru

Argraffwyd a chyhoeddwyd yng Nghymru

CHWEDLAU CYMRU
Y MÔR

FIONA COLLINS

LLUNIAU GAN
NATALIE GRIFFITHS

CHWEDLAU CYMRU
Y MÔR

Lleoliadau yn y straeon

❶ Chwedl **'Beuno a'r Aderyn'**
Clynnog Fawr, Penrhyn Llŷn, Gwynedd

❷ Chwedl **'Clychau Cantre'r Gwaelod'**
Y Borth, Ceredigion

❸ Hanes **'Storïau Shemi Wâd'**
Wdig, Sir Benfro

❹ Chwedl **'Môr-forwyn Llandudoch'**
Llandudoch, Sir Benfro

❺ Hanes **'Eluned Morgan, Plentyn y Môr'**
Dogellau, Gwynedd

❻ Chwedl **'Bendigeidfran y Cawr'**
Castell Harlech, Gwynedd

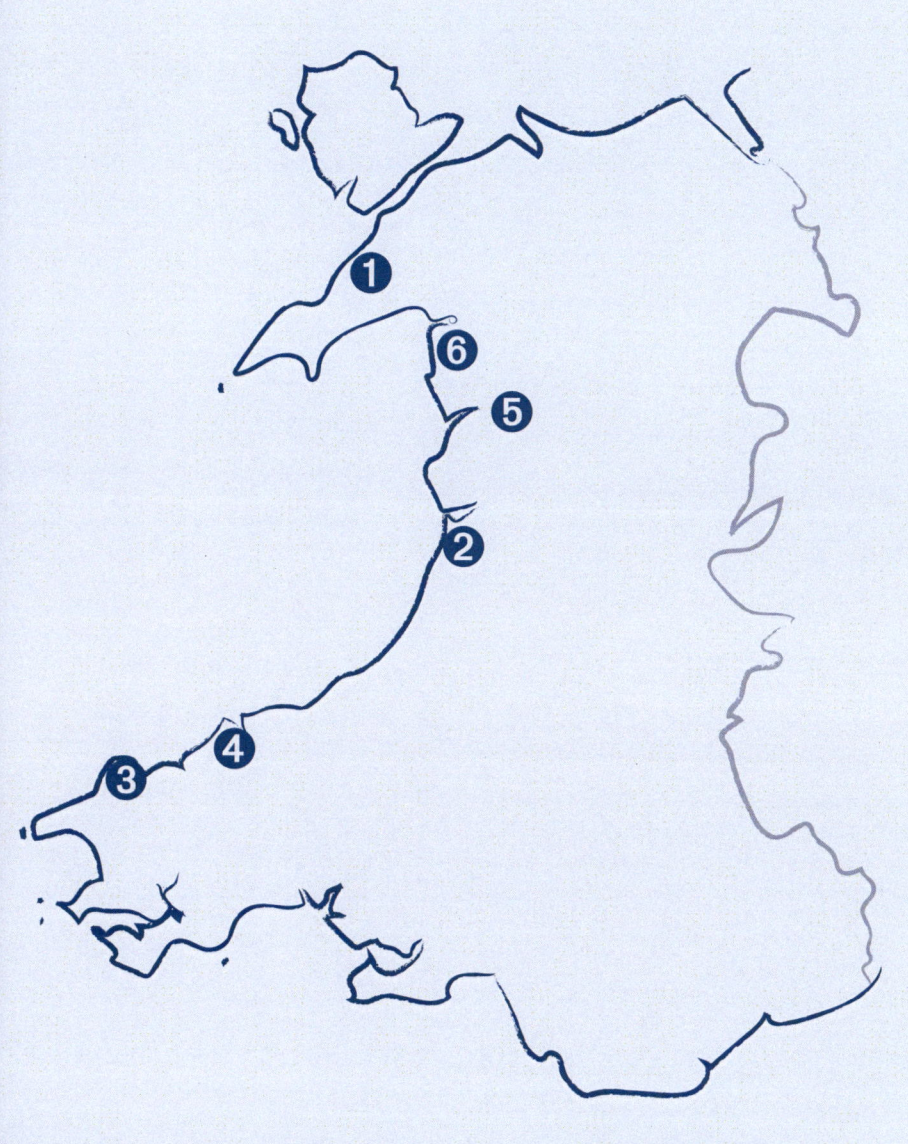

Cyflwyniad

Mae pob **chwedl** yn y llyfr hwn am y môr.

Yma byddi di'n darllen am **stormydd, tonnau, llongau,** pysgod, **môr-forwynion** a **gwylanod**.

Mae'r chwedlau yn y llyfr hwn yn dod o wahanol **leoliadau** yng Nghymru. Mae dwy chwedl o Sir Benfro yn y de, un o ardal Aberystwyth, un o Harlech ac un o Benrhyn Llŷn yn y gogledd.

Mae hyd yn oed chwedl am y môr rhwng Cymru a'r Ariannin!

Dw i'n hoffi'r môr a'r traeth ym mhob tywydd. Dw i'n hoffi nofio, cerdded ar hyd y traeth, **torheulo** ar y tywod, mynd ar y môr mewn cwch bach, **syllu** ar y **gorwel**, gwylio'r tonnau, teimlo'r **ewyn** ar fy **wyneb**. Wyt ti'n hoffi'r môr hefyd?

chwedl(au) – *legend(s)*	**lleoliad(au)** – *location(s)*
storm(ydd) – *storm(s)*	**torheulo** – *to sunbathe*
ton(nau) – *wave(s)*	**syllu** – *to stare*
llong(au) – *ship(s)*	**gorwel** – *horizon*
môr-forwyn(ion) – *mermaid(s)*	**ewyn** – *sea foam*
gwylan(od) – *seagull(s)*	**wyneb** – *surface, face*

Mae llawer o bobl wedi dweud y chwedlau yma dros y blynyddoedd. Dim ond un ohonyn nhw dw i. Dyma fy **fersiynau** i yn y llyfr hwn.

Mae croeso i ti ddweud y chwedlau yma **yn dy ffordd dy hun** hefyd. Maen nhw'n perthyn i bawb. Fel dysgwyr, dan ni'n gallu dysgu am Gymru wrth wrando neu wrth ddarllen chwedlau o Gymru. Maen nhw wedi fy helpu i i wybod mwy am Gymru fach. Dw i'n ddiolchgar iawn.

Dw i'n falch o'r chwedlau yn y llyfr yma, oherwydd maen nhw'n ein dysgu ni am **draddodiadau arfordir** a **moroedd** Cymru. Dw i'n eu mwynhau nhw. Gobeithio byddi di'n eu mwynhau nhw hefyd.

---

fersiynau – *versions*	**traddodiad(au)** – *tradition(s)*
yn dy ffordd dy hun – *in your own way*	**arfordir** – *coast*
	moroedd – *seas, oceans*

Beuno a'r **Aderyn**

Dyma un o'r chwedlau am Beuno Sant. Dw i wedi rhoi Clynnog Fawr ar y map ar ddechrau'r llyfr, i ddangos ble oedd o'n byw, ond mae'r chwedl hefyd yn siarad am Llanddwyn, ble oedd o'n mynd bob dydd Sul.

Mae Llanddwyn yn lle braf iawn ger Niwbwrch ar Ynys Môn. Mae traeth hir a hyfryd yma, ble rwyt ti'n gallu nofio yn **ddiogel** neu gerdded ar hyd y tywod. Mae Ynys Llanddwyn, **ym mhen draw**'r traeth, hefyd yn lle gyda chwedl, am Santes Dwynwen. Hi ydy **Santes Cariadon** Cymru, ein '*Saint Valentine*'. Ar ddiwrnod Santes Dwynwen, 25ain o Ionawr, mae pobl yn anfon cardyn at eu cariadon.

Ond does dim chwedl am Dwynwen yma. Dyma chwedl am Beuno a'i hoff daith gerdded – dros wyneb y môr.

* * *

aderyn – *bird*	**Santes** – *(female) Saint*
diogel – *safe*	**cariad(on)** – *lover(s)*
ym mhen draw – *at the end*	

Roedd Beuno Sant yn byw ger Clynnog Fawr ym Mhenrhyn Llŷn. Mae eglwys Beuno Sant yn dal yno.

Roedd Beuno'n caru'r môr. Bob dydd Sul, roedd o'n mynd i Landdwyn ar Ynys Môn i **bregethu**.

Doedd Beuno ddim yn teithio ar y **tir** i gyrraedd Llanddwyn. Roedd Beuno'n cerdded dros wyneb y môr. Roedd o'n cerdded ar y dŵr o Glynnog Fawr i Landdwyn ac yn ôl. Roedd o'n hoffi darllen y **Beibl** wrth gerdded dros y môr.

Ond un diwrnod, **syrthiodd** ei Feibl **o'i ddwylo** ac i mewn i'r môr. O diar! Roedd y Beibl yn y dŵr.

Doedd Beuno ddim yn hapus. Roedd o'n drist.

Roedd aderyn yn hedfan **uwchben** Beuno. **Gylfinir** oedd yr aderyn. Gwelodd yr aderyn bopeth. Hedfanodd i lawr a gafael yn y Beibl gyda'i **big** hir.

Hedfanodd y gylfinir i Glynnog Fawr a rhoi'r Beibl ar **garreg** fawr i **sychu** yn yr haul. Pan gyrhaeddodd Beuno yn ôl, roedd o'n **falch** iawn o weld y Beibl.

pregethu – *to preach*	**gylfinir** – *curlew*
tir – *land*	**pig** – *beak*
Beibl – *Bible*	**carreg** – *stone*
syrthio – *to fall*	**sychu** – *to dry*
o'i ddwylo – *from his hands*	**balch** – *glad*
uwchben – *above*	

'Diolch i ti, aderyn, fy ffrind,' dwedodd o. 'Rwyt ti'n annwyl iawn. Mi wnest ti **warchod** y Beibl. Felly, dw i isio gwarchod ti.'

Ar ôl hynny, roedd Beuno'n dweud wrth bawb: 'Mae'r gylfinir yn aderyn arbennig. Dw i'n mynd i warchod y gylfinir – ei **warchod rhag** bob **perygl**.'

Hyd heddiw mae pobl yn cofio chwedl Beuno a'r gylfinir.

gwarchod rhag perygl –
to protect from danger

Clychau Cantre'r Gwaelod

Roedd fy mam yn hoffi canu'r gân 'Clychau Aberdyfi' wrth fy chwaer a fi, pan ro'n ni'n fach. Mae'r gân yn sôn am gastell o dan y môr. Castell brenin Cantre'r Gwaelod.

Dw i'n cofio'r gân, ond do'n i ddim yn gwybod am chwedl Cantre'r Gwaelod tan ro'n i'n dechrau dweud chwedlau yn ôl yn 1989.

Os wyt ti'n mynd am dro ar lan y môr yn y Borth, Bae Ceredigion, pan mae'r môr **ar drai**, rwyt ti'n gallu gweld llawer o **foncyffion** hen goed ar y traeth. Dyma hen **goedwig** Cantre'r Gwaelod. **Ers oes** mae Cantre'r Gwaelod wedi bod o dan y môr. Pam **tybed**? Beth ddigwyddodd? Dyma'r chwedl.

* * *

Amser maith yn ôl, Gwyddno Garanhir oedd **brenin** Cantre'r Gwaelod. Roedd Cantre'r Gwaelod yn lle hyfryd, ond roedd o'n agos iawn at y môr. Pan oedd storm, roedd y môr yn **llifo** dros y strydoedd ac i mewn i'r tai.

clychau – *bells*	**ers oes** – *since ages*
ar drai – *on the ebb*	**tybed** – *I wonder*
boncyff(ion) – *tree stump(s)*	**brenin** – *king*
coedwig – *forest*	**llifo** – *to flow*

Mererid oedd yn **gofalu am ffynnon** y brenin. Pan oedd y tywydd yn stormus, roedd rhaid i Mererid gau **caead** y ffynnon. Doedd y brenin ddim isio i ddŵr y ffynnon lifo i **bob man**!

Ond un noson roedd Mererid wedi blino. Aeth hi i gysgu ac anghofiodd gau caead y ffynnon.

Roedd hi'n noson stormus. Roedd y gwynt yn **gryf**. Roedd tonnau'r môr yn codi. Llifodd y dŵr dros y strydoedd ac i mewn i'r tai. Cododd dŵr y ffynnon a llifodd i bob man.

Deffrodd y brenin, Gwyddno Garanhir. Gwelodd y dŵr. Rhedodd i ddeffro pawb yn y castell.

'Deffra, Mererid!' dwedodd o.

'Beth sy'n bod?' gofynnodd hi.

'Rhaid i ni **ddianc**! Mae'r môr yn dod i mewn. Mae dŵr y ffynnon yn llifo i bob man. Rhaid i ni ddianc!'

Ac felly, rhedon nhw i ffwrdd. Rhedon nhw i'r **bryniau**.

Yn y bore, edrychodd Gwyddno Garanhir a Mererid i lawr ar eu **gwlad**.

gofalu am – *to care for*	**cryf** – *strong*
ffynnon – *well*	**dianc** – *to escape*
caead – *lid*	**bryn(iau)** – *hill(s)*
bob man – *everywhere*	**gwlad** – *country*

Doedd dim coedwig. Doedd dim castell. Doedd dim byd. Roedd popeth dan ddŵr.

Mae Cantre'r Gwaelod yn dal o dan y môr, **yn ôl y chwedl**.

Os wyt ti'n mynd i'r Borth, rwyt ti'n gallu gweld boncyffion hen goed Cantre'r Gwaelod.

yn ôl y chwedl – *according to the legend*

Os wyt ti'n mynd i Aberdyfi, rwyt ti'n gallu clywed clychau castell Gwyddno Garanhir yn canu, o dan y môr. Ding-dong ... ding-dong ...
Does dim byd arall ar ôl.

Storïau Shemi Wâd

Roedd Shemi Wâd, neu James Wade, yn berson **go iawn**. Roedd o'n byw yn Wdig yn Sir Benfro. Bu farw Shemi yn 1897, yn 80 oed. Roedd Shemi'n enwog yn ei ardal fel **chwedleuwr**.

Dw i wedi dysgu am Shemi gan fy ffrind Mary Medlicott. Roedd Mary, fel fi, yn chwedleuwr ac hefyd yn awdur. Fel fi, roedd Mary wedi dysgu Cymraeg.

Roedd Mary yn dod o Abergwaun yn Sir Benfro ac ers talwm roedd hi'n byw yn Llundain. Pan ro'n i'n byw yn Llundain hefyd, roedd plant Mary yn mynd i**'r un ysgol** â fy mab. Cyn bo hir, roedd Mary a fi yn ffrindiau. Wnes i ddysgu llawer am sut i dweud chwedlau gan Mary. Roedd hi yn un o'r bobl gyntaf yn Llundain i weithio fel chwedleuwr proffesiynol.

Roedd tad Mary'n dweud storïau Shemi Wâd wrthi hi pan oedd hi'n fach. Roedd Mary'n cofio storïau Shemi. Pan oedd hi'n dechrau gweithio fel chwedleuwr, roedd hi'n hoffi dweud storïau Shemi wrth bobl.

storïau – *stories*	**chwedleuwr** – *storyteller*
go iawn – *real*	**yr un ysgol** – *the same school*

Mae Mary wedi ysgrifennu llyfr o chwedlau Shemi yn Saesneg. Diolch i Mary am dweud storïau Shemi wrtha i. Cyn bo hir, byddi di hefyd yn gwybod llawer am Shemi Wâd, achos dw i am ddweud un o fy hoff stori am Shemi wrthot ti.

* * *

Roedd Shemi Wâd yn byw yn Wdig, yn **Sir Benfro**. Doedd gynno fo ddim llawer o arian ond roedd o'n hapus.

Roedd Shemi'n hoffi storïau. Roedd o'n hoffi dweud storïau am ei **anturiaethau**. Dyma un o'i storïau:

Roedd gan Shemi **gwch** bach ac roedd o'n hoffi pysgota ger pentref Parrog. Ond rhaid dweud, roedd Shemi'n **ddiog**! Roedd o hefyd yn hoffi cysgu yn ei gwch yn yr haul.

Un tro, roedd Shemi'n pysgota gyda llawer o **fachau** ar ei **lein bysgota**. Roedd o wedi rhoi darnau **bara brith** ar y bachau. Doedd o ddim yn siŵr os oedd pysgod yn hoffi bara brith.

'**Ta waeth!**' dwedodd Shemi. Roedd o wedi blino, felly mi wnaeth o gau ei lygaid a setlo i gysgu. Ond cyn iddo fo fynd i gysgu, **clymodd** y lein bysgota o gwmpas ei fol. Doedd o ddim isio colli'r pysgod!

Sir Benfro – *Pembrokeshire*	**lein bysgota** – *fishing line*
antur(iaethau) – *adventure(s)*	**bara brith** – *traditional Welsh currant bread*
cwch – *boat*	
diog – *lazy*	**ta waeth** – *never mind*
bachau – *hooks*	**clymu** – *to tie*

Cyn bo hir, roedd Shemi'n **cysgu'n sownd**. Doedd gan y pysgod ddim diddordeb yn y bara brith. Ond roedd gan y gwylanod lawer o ddiddordeb yn y bara brith ...

Daethon nhw i lawr i fwyta'r bara brith. Ond roedd bachau Shemi tu mewn i'r darnau'r bara brith. Felly, mi wnaeth yr adar fwyta'r bara brith, ac mi wnaethon nhw hefyd **lyncu**'r bachau.

Pan wnaethon nhw hedfan i ffwrdd, aeth Shemi hefyd! Roedd y lein bysgota o gwmpas ei fol, roedd bachau ar y lein bysgota ac roedd y bachau yn y gwylanod!

I fyny aeth y gwylanod, ac i fyny aeth Shemi ... ond roedd o'n dal i gysgu.

Dros y môr aeth y gwylanod a dros y môr aeth Shemi hefyd ... ond roedd o'n dal i gysgu! **Glaniodd** y gwylanod yn **Nulyn, Iwerddon**. Dim ond ar ôl i Shemi lanio wnaeth o ddeffro.

'Ble ydw i rŵan?' dwedodd o. 'Dydy **fan'ma** ddim yn edrych fel Wdig. Ble mae'r cwch?'

Roedd o yn *Phoenix Park* yn Nulyn. Roedd o'n bell o Wdig!

Ond doedd Shemi ddim yn poeni. Roedd o'n dal wedi blino. Aeth i chwilio am le tawel i gysgu eto. Ond ble aeth o i gysgu? Dringodd i mewn i **ganon** mawr yn y parc! Cysgodd Shemi yn sownd trwy'r nos.

cyn bo hir – *before long*	**Dulyn** – *Dublin*
cysgu'n sownd – *to sleep soundly*	**Iwerddon** – *Ireland*
llyncu – *to swallow*	**fan'ma** – *this place*
glanio – *to land*	**canon** – *cannon*

Ond ... am 9 o'r gloch bob dydd, roedd pobl yn **tanio saliwt** o'r canon.

BŴM!!!!

Taniodd y canon. I fyny aeth Shemi, dros y môr, a glanio yn ôl yng Nghymru.

Ble oedd o? Yn ôl yn Wdig, yn agos at ei gartref.

Am stori! Roedd Shemi yn dweud y stori wrth bawb. Oedden nhw'n credu'r stori? Dw i ddim yn siŵr! Wyt ti'n credu stori Shemi?

---

tanio – *to fire* **saliwt** – *salute*

Môr-forwyn Llandudoch

Do'n i ddim yn gallu ysgrifennu llyfr am y môr heb gynnwys chwedl am fôr-forwyn. Mae môr-forwynion yn bwysig iawn yn chwedlau'r môr. Mae Ariel, y fôr-forwyn fach o stori Hans Christian Andersen a'r ffilm Disney yn enwog iawn!

Mae gynnon ni lawer o chwedlau am fôr-forwynion o **ledled** y byd, o bron bob gwlad gydag arfordir. Ond, rhaid i mi ddweud, fel arfer dw i ddim yn hoffi chwedlau am fôr-forwynion. Yn aml iawn, mae **rhyw ddyn** yn gweld môr-forwyn, neu weithiau grŵp o fôr-forwynion ar y traeth ac maen nhw'n **herwgipio** un yn y stori.

Mae o'n dweud 'Dw i'n dy garu di', ond dydy o ddim yn gofyn, 'Beth wyt ti isio?'

Mae'r fôr-forwyn fel **cacharor**, weithiau am flynyddoedd. O'r diwedd mae hi'n dianc ac yn mynd yn ôl i'r môr, ac mae'r dyn yn drist. Does neb yn byw yn hapus am byth yn y storïau am fôr-forwynion fel arfer!

---

ledled – *throughout*	**herwgipio** – *to hijack, to kidnap*
rhyw ddyn – *some man*	**cacharor** – *prisoner*

Ond mae'r chwedl hon yn wahanol. Dydy Pergrin ddim yn herwgipio'r fôr-forwyn. Mae o'n helpu hi. Ac wedyn, mae hi'n helpu Pergrin. Dyma'r math o **ddiweddglo** dw i'n hoffi. Beth amdanat ti?

* * *

Amser maith yn ôl, roedd môr-forwyn yn byw yn y môr ger Llandudoch, yn Sir Benfro.

Roedd hi'n hoffi gweld **cychod** y **pysgotwyr** pan oedden nhw'n **pysgota** yn y môr.

Roedd gynni hi lawer o ddiddordeb yn y pysgotwyr. Doedden nhw ddim yn edrych fel hi. 'Ble mae'r **gynffon?**' roedd y fôr-forwyn yn gofyn. Doedd hi ddim yn deall.

Un tro, aeth hi'n rhy agos at gwch. Cwch Pergrin y pysgotwr oedd o. Roedd gynno fo **rwyd** yn y môr.

Aeth y fôr-forwyn yn rhy agos ... ac yn sydyn, aeth hi'n **sownd** yn y rhwyd!

Doedd hi ddim yn gallu dianc, doedd hi ddim yn gallu symud, doedd hi ddim yn gallu nofio. Roedd hi'n sownd.

Dechreuodd Pergrin dynnu'r rhwyd i mewn i'r cwch. Roedd o'n **drwm!**

'O, hwrê,' dwedodd o. 'Mae gen i lond rhwyd o bysgod. Dw i'n **lwcus** heddiw!'

diweddglo – *ending*	**rhwyd** – *net*
cychod – *boats*	**sownd** – *stuck*
pysgotwyr – *fishermen*	**trwm** – *heavy*
pysgota – *to fish*	**lwcus** – *lucky*
cynffon – *tail*	

Ond wedyn, daeth llais o'r rhwyd. 'Helpa fi! Helpa fi, plis! Dw i ddim yn gallu gadael y môr. Os dw i'n gadael y môr, dw i ddim yn gallu byw!'

Doedd y **llais** ddim yn **swnio fel** llais pysgodyn ... roedd o'n swnio fel llais merch!

Edrychodd Pergrin yn y rhwyd. Roedd o'n gweld llawer o bysgod, ond roedd o hefyd yn gallu gweld merch ... ond na ... ddim merch oedd hi ... roedd gynni hi gynffon pysgodyn!

'Môr-forwyn!' dwedodd o. 'Helô, sut wyt ti?'

'Dw i ddim yn dda o gwbl. Dw i'n sownd yn dy rwyd. Plis helpa fi!'

Roedd Pergrin yn berson **caredig**. Roedd o'n barod i helpu'r fôr-forwyn.

Cyn bo hir roedd hi'n **rhydd** yn y môr unwaith eto.

'Diolch yn fawr, Pergrin,' dwedodd hi. 'Diolch am dy help. Dw i isio dy helpu di hefyd. Os dw i'n gweld perygl i ti, bydda i'n dweud 'Pergrin! Pergrin! Pergrin!' Pan wyt ti'n clywed dy enw **dair gwaith**, rhaid i ti fynd **yn syth** yn ôl i Landudoch, achos mae perygl ar y môr.'

'Diolch i ti, fôr-forwyn,' dwedodd Pergrin. A gwyliodd hi'n nofio i ffwrdd.

Wnaeth Pergrin ddim anghofio'r fôr-forwyn. Roedd o'n meddwl amdani hi llawer iawn.

llais – *voice*	**rhydd** – *free*
swnio fel – *to sound like*	**tair gwaith** – *three times*
caredig – *kind*	**yn syth** – *straight away*

Yr wythnos wedyn, roedd Pergrin ar y môr yn pysgota eto. Roedd y tywydd yn braf a'r môr yn dawel.

Yn sydyn, clywodd lais y fôr-forwyn. 'Pergrin! Pergrin! Pergrin!' dwedodd hi.

Doedd o ddim yn gallu gweld y fôr-forwyn. Doedd o ddim yn gallu gweld perygl ar y môr. Ond ta waeth, roedd o'n cofio beth ddwedodd hi: 'Pan wyt ti'n clywed dy enw dair gwaith, rhaid i ti fynd yn syth yn ôl i Landudoch.'

Felly, aeth o adre.

Roedd pobl Llandudoch yn gofyn, 'Pam wyt ti'n adre'n gynnar, Pergrin? Rwyt ti'n ddiog! Mae'r tywydd yn dda. Mae'n ddiwrnod da i bysgota.'

Ond **newidiodd** y tywydd. Cyn bo hir, roedd storm fawr ar y môr. Roedd y tonnau'n fawr. Roedd y gwynt yn gryf. Roedd perygl ar y môr.

Roedd Pergrin yn saff adre. Roedd o'n **ddiolchgar** iawn i'r fôr-forwyn.

---

newid – *to change*   diolchgar – *grateful, thankful*

Eluned Morgan, Plentyn y Môr

Dydy'r stori yma ddim yn digwydd yng Nghymru fach. Mae llawer o bethau yn y stori hon yn digwydd ar y môr, achos roedd Eluned Morgan yn teithio **yn ôl a 'mlaen** ar y môr o Gymru i'r **Wladfa** yn aml iawn.

Mae'r Wladfa yn **yr Ariannin**, yn Ne America. Enw'r ardal ydy Patagonia, lle mae llawer o bobl yn siarad Cymraeg. Y Wladfa maen nhw'n galw'r **ardal**.

Mae pobl yn dal i deithio yn ôl a 'mlaen rhwng Cymru a'r Wladfa. Mae'n braf siarad efo pobl o'r Wladfa. Maen nhw'n siarad Cymraeg gydag **acen** Sbaeneg! Mae Eisteddfod yn y Wladfa bob blwyddyn, ac weithiau maen nhw'n dod i'r Eisteddfodau yma yng Nghymru.

Dyma ardal o'r Ariannin lle aeth llawer o bobl o Gymru i gael **bywyd** newydd. Dyma stori un ohonyn nhw, stori Eluned Morgan.

yn ôl a 'mlaen – *back and forth*	**ardal** – *area*
y Wladfa – *the Welsh colony in Argentina*	**acen** – *accent*
	bywyd – *life*
yr Ariannin – *Argentina*	

Yn 1861 daeth llawer o bobl i'r Bala i gyfarfod yn nhŷ Michael D. Jones. Roedden nhw'n siarad am adael Cymru i gael bywyd newydd, bywyd **Cymreig**, tu allan i Gymru.

Roedd pethau'n anodd iawn iddyn nhw yng Nghymru. Felly, fel llawer o bobl, roedden nhw isio dechrau newydd.

Yn 1865 aeth y llong *Mimosa* i Batagonia, gyda 150 o bobl o Gymru i setlo ym Mhatagonia.

Yn 1870 aeth llong arall, *Myfanwy*, i'r Wladfa. Ar y llong roedd Mr a Mrs Lewis Jones. Roedd Mrs Jones yn disgwyl babi. Roedd y llong *Myfanwy* ym Mae Biscay pan ddaeth y babi i'r byd. Rhoiodd Mr a Mrs Jones yr enw Eluned Morgan i'r ferch fach. Mae 'Mor-gan' **yn fyr am** '**ganwyd** ar y môr'.

Roedd Eluned yn caru'r môr **ar hyd ei hoes**.

Mi wnaeth Eluned fyw yn y Wladfa tan roedd hi'n 18 oed. Wedyn daeth hi dros y môr i Gymru. Aeth hi i ysgol yn Nolgellau. Pan ddaeth hi i Gymru roedd hi'n siarad dim ond Cymraeg a **Sbaeneg**. Doedd hi ddim yn siarad Saesneg, ond dysgodd hi Saesneg yn ysgol Dr Williams yn Nolgellau. Roedd rhaid i bawb siarad dim ond Saesneg yn yr ysgol. Mi wnaeth ei ffrind Winnie helpu hi i ddysgu Saesneg.

Roedd Eluned isio siarad Cymraeg yn yr ysgol, ac felly aeth ar **orymdaith** gyda'i ffrindiau, i ofyn am **addysg**

Cymreig – *Welsh*	**Sbaeneg** – *Spanish*
yn fyr am – *short for*	**gorymdaith** – *march*
ganwyd – *was born*	**addysg** – *education*
ar hyd ei hoes – *all her life*	

Gymraeg. Daeth Michael D. Jones o'r Bala i'r ysgol i siarad efo Eluned a'r prifathro. Wedyn roedd Eluned a'i ffrindiau'n gallu siarad Cymraeg efo'i gilydd.

Aeth Eluned yn ôl i'r Wladfa yn 1890. Roedd hi wedi dechrau ysgrifennu ac roedd hi'n **golygu** papur newydd *Y Drafod* yno.

Yn 1903 daeth hi i Gymru eto i weithio yn Llyfrgell **Ganolog** Caerdydd. Yn 1909 aeth hi yn ôl i'r Wladfa, ond o 1912 tan 1918 roedd hi yng Nghaerdydd eto. Roedd gynni hi ddau gartref – Cymru a Phatagonia.

Yn 1918 aeth hi dros y môr am y **tro olaf**. O 1918, tan iddi **farw** yn 1938, roedd hi'n byw yn y Wladfa.

Roedd Eluned yn ysgrifennu llyfrau hefyd. Mae *Dringo'r Andes* am daith i fynyddoedd De America. Mae **Gwymon** *y Môr* am **fordaith** o Gymru i Batagonia.

Mae hi'n disgrifio storm fawr ar y môr yn *Gwymon y Môr*.

Dwedodd Eluned wrth **gapten** y llong, 'Clymwch fi i **hwylbren** y llong, os gwelwch yn dda. Dwi isio gweld y storm ond dw i ddim isio syrthio o'r llong i'r môr. Os dw i'n sownd i'r hwylbren, dw i'n gallu bod yn ddiogel a dw i'n gallu gweld y storm.'

Roedd hi'n **ddewr**!

golygu – *to edit*	**mordaith** – *voyage*
canolog – *central*	**capten** – *captain*
tro olaf – *last time*	**hwylbren** – *mast*
marw – *to die*	**dewr** – *brave*
gwymon – *seaweed*	

Roedd Eluned yn teithio o'r Wladfa i Gymru yn aml iawn. Tybed a oedd hi **hapusaf** ar y môr, lle cafodd hi ei geni?

Yn y Wladfa, mae pobl yn dal i siarad Cymraeg, hyd heddiw.

---

hapusaf – *happiest*

Bendigeidfran y **Cawr**

Dyma chwedl bwysig iawn iawn o Gymru. Mae chwedl Bendigeidfran yn rhan o **Bedair Cainc y Mabinogi**. Mae Pedair Cainc y Mabinogi yn chwedlau arbennig o ddiddorol, ond weithiau maen nhw'n anodd i'w deall. **Wedi'r cwbl**, maen nhw'n dod o 'amser maith yn ôl'.

Mae 'Bendigeidfran y Cawr' yn rhan o Ail Gainc y Mabinogi, a theitl yr holl chwedl ydy 'Branwen, Ferch Llŷr'. Mae Branwen yn berson pwysig iawn yn y stori. Mae hi'n chwaer i Bendigeidfran. Bendigeidfran ydy brenin y wlad.

Mae 'Bendigeidfran y Cawr' yn sôn am Gymru ac Iwerddon, **rhyfel** a **heddwch**. Mae Bendigeidfran yn frenin da, ond mae pethau'n mynd o'i le.

Mae hi'n chwedl fawr! Dim ond dechrau'r chwedl sydd yma. Dydy'r holl stori ddim yma – mae hi'n hir iawn.

Os wyt ti'n hoffi beth rwyt ti'n ddarllen yma, mae croeso i ti chwilio am y chwedl **gyfan**. Mae hi'n **werth ei darllen**! Neu beth am ofyn i chwedleuwr am ddweud

cawr – *giant*	**rhyfel** – *war*
Pedair Cainc y Mabinogi – *Four Branches of the Mabinogi (famous medieval Welsh stories)*	**heddwch** – *peace*
	cyfan – *whole*
	werth ei darllen – *worth reading*
wedi'r cwbl – *after all*	

y chwedl wrthat ti? Roedd chwedlau'r Mabinogi, amser maith yn ôl, yn chwedlau i'w clywed, ddim yn chwedlau i'w darllen.

* * *

Roedd Bendigeidfran yn frenin pwysig, brenin mawr. Roedd o'n gawr mawr hefyd. Doedd dim tŷ, dim **plas**, dim castell yn ddigon mawr i Bendigeidfran.

Felly, roedd o'n aros tu allan.

Un diwrnod, roedd Bendigeidfran gyda'r teulu tu allan i Gastell Harlech. Roedd o'n edrych dros y môr. Roedd o'n gweld llongau ar y môr. Llongau Brenin Iwerddon oedden nhw.

Dwedodd Brenin Iwerddon wrth Bendigeidfran, 'Mae Cymru ac Iwerddon yn agos iawn. Dw i isio bod yn ffrind i Gymru. Dw i isio heddwch rhwng y ddwy wlad. Dw i isio bod fel brawd i ti, Bendigeidfran. Dw i isio priodi dy chwaer di, Branwen.'

Roedd Branwen efo Bendigeidfran tu allan i Gastell Harlech. Edrychodd Branwen ar Bendigeidfran. Edrychodd hi ar Frenin Iwerddon. Doedd hi ddim yn nabod Brenin Iwerddon, doedd hi ddim yn caru'r Brenin. Ond roedd hi isio heddwch, hefyd.

Felly, ar ôl meddwl, dwedodd Branwen, 'Dw i'n hapus i briodi Brenin Iwerddon.'

plas – *palace, manor-house*

Ar Ynys Môn oedd y briodas, yn Aberffraw. Wedyn aeth Branwen i Iwerddon gyda'i **gŵr** newydd.

Roedd popeth yn iawn ... **am sbel** .... ond doedd pobl Iwerddon ddim yn hoffi Branwen.

'Pam priodi **Cymraes**?' roedden nhw'n gofyn. 'Pam ddim priodi merch o Iwerddon?'

Cyn bo hir, roedd Branwen yn drist iawn. Doedd pobl ddim yn hoffi hi. Doedd pobl ddim yn **bihafio** yn dda gyda hi. Roedd rhaid i Branwen weithio yn y gegin, fel **morwyn**, ddim fel **brenhines**. Roedd y gwaith yn galed iawn. Roedd hi isio help.

Doedd gan Branwen ddim ffrindiau ... dim ond un – aderyn bach. Felly, gofynnodd i'r aderyn bach hedfan dros y môr i Gymru, efo **neges** i Bendigeidfran. Ysgrifennodd Branwen neges ar ddarn bach iawn o bapur. 'Dw i'n drist! Dw i isio help. Rhaid i ti **achub** fi, Bendigeidfran!'

Hedfanodd yr aderyn bach dros y môr i Gymru, gyda'r papur bach o dan ei **adain**. Roedd y daith yn anodd iawn, yn **beryglus** iawn. Ond roedd yr aderyn bach yn ddewr. **Croesodd** y môr i Gymru.

Roedd Bendigeidfran yn Arfon, lle mae Caernarfon heddiw. Aeth yr aderyn bach at y cawr mawr. Roedd yn anodd i Bendigeidfran ddarllen y neges ar y papur bach iawn. Ond, ar ôl darllen y neges, roedd o'n flin.

gŵr – *husband*	**neges** – *message*
am sbel – *for a while*	**achub** – *to rescue*
Cymraes – *Welsh woman*	**adain** – *wing*
bihafio – *to behave*	**peryglus** – *dangerous*
morwyn – *maid*	**croesi** – *to cross*
brenhines – *queen*	

'Dan ni'n mynd i Iwerddon rŵan! Dan ni'n mynd i achub Branwen! Ble mae fy llongau? Ble mae fy **morwyr**? Ble mae fy **milwyr**?'

Daeth y morwyr a'r milwyr. Roedden nhw'n barod. Roedd y llongau yn barod. Ond roedd problem! Roedd Bendigeidfran yn rhy fawr i **ffitio** mewn llong.

'Dim problem!' dywedodd Bendigeidfran. 'Dw i'n ddigon mawr i gerdded dros y môr. Dw i'n gallu tynnu'r llongau, ac felly dan ni'n gallu mynd yn gyflym iawn dros y môr i achub Branwen.'

A dyma beth wnaeth o.

Cerddodd Bendigeidfran yr holl ffordd o Gymru i Iwerddon, yn tynnu'r llongau dros y môr.

Dwedodd pobl Iwerddon wrth y Brenin, 'Beth ydy hyn? Mae **mynydd** yn y môr! Mae'r mynydd yn symud! Mae coedwig o gwmpas y mynydd. Mae dau **lyn** ar y mynydd! Dan ni ddim yn deall sut mae mynydd yn gallu croesi'r môr.'

Roedd Branwen yn hapus. Dechreuodd chwerthin. 'Dach chi'n dwp!' dwedodd hi. 'Dw i'n gwybod beth dach chi'n weld. Dach chi'n gweld Bendigeidfran y Cawr, Brenin Cymru. Mae o fel mynydd. Mae ei ddwy lygaid fel

morwyr – *sailors, seamen*	**mynydd** – *mountain*
milwyr – *soldiers*	**llyn** – *lake*
ffitio – *to fit*	

dau lyn. Mae llongau Cymru gyda fo. Maen nhw'n edrych fel coedwig. Mae Bendigeidfran yn dod i achub fi. Hwrê!'

A dyma sut wnaeth Bendigeidfran groesi'r môr o Gymru i Iwerddon, i achub ei chwaer. Dyma stori enwog iawn, un o Bedair Cainc y Mabinogi.

Geirfa

acen – *accent*
achub – *to rescue*
adain – *wing*
addysg – *education*
aderyn – *bird*
am sbel – *for a while*
antur(iaethau) – *adventure(s)*
ardal – *area*
ar drai – *on the ebb*
arfordir – *coast*
ar hyd ei hoes – *all her life*

bachau – *hooks*
balch – *glad*
bara brith – *traditional Welsh currant bread*
Beibl – *Bible*
bihafio – *to behave*
bob man – *everywhere*
boncyff(ion) – *tree stump(s)*
brenhines – *queen*
brenin – *king*
bryn(iau) – *hill(s)*
bywyd – *life*

caead – *lid*
canolog – *central*
canon – *cannon*
capten – *captain*
carcharor – *prisoner*
caredig – *kind*
cariad(on) – *lover(s)*

carreg – *stone*
cawr – *giant*
clychau – *bells*
clymu – *to tie*
coedwig – *forest*
croesi – *to cross*
cryf – *strong*
cwch – *boat*
cychod – *boats*
cyfan – *whole*
Cymraes – *Welsh woman*
Cymreig – *Welsh*
cyn bo hir – *before long*
cynffon – *tail*
cysgu'n sownd – *to sleep soundly*

chwedl(au) – *legend(s)*
chwedleuwr – *storyteller*

dewr – *brave*
dianc – *to escape*
diog – *lazy*
diogel – *safe*
diolchgar – *grateful, thankful*
diweddglo – *ending*
Dulyn – *Dublin*

ers oes – *since ages*
ewyn – *sea foam*

fan'ma – *this place*
fersiynau – *versions*

ffitio – *to fit*
ffynnon – *well*

ganwyd – *was born*
glanio – *to land*
gofalu am – *to care for*
go iawn – *real*
golygu – *to edit*
gorwel – *horizon*
gorymdaith – *march*
gwarchod rhag perygl – *to protect from danger*
gwlad – *country*
gŵr – *husband*
gwylan(od) – *seagull(s)*
gwymon – *seaweed*
gylfinir – *curlew*

hapusaf – *happiest*
heddwch – *peace*
herwgipio – *to hijack, to kidnap*
hwylbren – *mast*

Iwerddon – *Ireland*

ledled – *throughout*
lein bysgota – *fishing line*
lwcus – *lucky*

llais – *voice*
lleoliad(au) – *location(s)*
llifo – *to flow*
llong(au) – *ship(s)*

llyn – *lake*
llyncu – *to swallow*

marw – *to die*
milwyr – *soldiers*
mordaith – *voyage*
môr-forwyn(ion) – *mermaid(s)*
moroedd – *seas, oceans*
morwyn – *maid*
morwyr – *sailors, seamen*
mynydd – *mountain*

neges – *message*
newid – *to change*

o'i ddwylo – *from his hands*

Pedair Cainc y Mabinogi – *Four Branches of the Mabinogi (famous medieval Welsh stories)*
peryglus – *dangerous*
pig – *beak*
plas – *palace, manor-house*
pregethu – *to preach*
pysgotwyr – *fishermen*

rhwyd – *net*
rhydd – *free*
rhyfel – *war*
rhyw ddyn – *some man*

saliwt – *salute*
Santes – *(female) Saint*

Sbaeneg – *Spanish*
Sir Benfro – *Pembrokeshire*
sownd – *stuck*
storïau – *stories*
storm(ydd) – *storm(s)*
swnio fel – *to sound like*
sychu – *to dry*
syllu – to stare
syrthio – *to fall*

tair gwaith – *three times*
tanio – *to fire*
ta waeth – *never mind*
tir – *land*
ton(nau) – *wave(s)*
torheulo – *to sunbathe*
traddodiad(au) – *tradition(s)*
tro olaf – *last time*
trwm – *heavy*
tybed – *I wonder*

uwchben – *above*

wedi'r cwbl – *after all*
werth ei darllen – *worth reading*
wyneb – *surface, face*

ym mhen draw – *at the end*
yn dy ffordd dy hun – *in your own way*
yn fyr am – *short for*
yn ôl a 'mlaen – *back and forth*
yn ôl y chwedl – *according the legend*
yn syth – *straight away*
yr Ariannin – *Argentina*
yr un ysgol – *the same school*
y Wladfa – *the Welsh colony in Argentina*

Cyfres Amdani

Mae'r **gyfres** lyfrau Amdani i bobl sy'n dysgu Cymraeg. Cafodd y gyfres ei **chreu** yn 2018. Roedd yn brosiect rhwng **Cyngor Llyfrau Cymru** a'r **Ganolfan Dysgu Cymraeg Genedlaethol**. Mae pob math o lyfrau yn y gyfres – straeon ditectif, nofelau **serch**, **hunangofiannau**, comedi a **straeon byrion**. Mae'r holl lyfrau yn **cyd-fynd â** chyrsiau Dysgu Cymraeg y Ganolfan. Mae'r llyfrau wedi cael eu **graddoli** ar wahanol lefelau dysgu, o lefel Mynediad i bobl sy'n dechrau dysgu Cymraeg, i lefel Uwch ar gyfer dysgwyr **profiadol**. Dach chi'n gallu prynu'r llyfrau yn eich siop lyfrau leol neu drwy **wefan** Gwales.com. Mae llawer o'r llyfrau hefyd ar gael trwy blatfform e-lyfrau newydd Cyngor Llyfrau Cymru, ffolio.cymru

| **Mynediad** (Entry) | **Sylfaen** (Foundation) | **Canolradd** (Intermediate) | **Uwch** (Advanced) |

cyfres – *series*	hunangofiannau – *autobiographies*
creu – *to create*	straeon byrion – *short stories*
Cyngor Llyfrau Cymru – Books Council of Wales	cyd-fynd â – *to go together with, to match*
Canolfan Dysgu Cymraeg Genedlaethol – National Centre for Learning Welsh	graddoli – *to grade, to classify*
	profiadol – *experienced*
	gwefan – *website*
serch – *love, romance*	

Mynediad
(Entry)

Dyma chwe chwedl neu stori o Gymru. Chwedlau am geffylau. Chwedlau am bobl enwog yn hanes Cymru – fel y Brenin Arthur.

Mae'r chwedlau'n dod o Sir y Fflint, Sir Morgannwg, Sir Gaerfyrddin, Gwynedd, Sir Benfro a Phowys. Rwyt ti'n gallu darllen chwedl am dy ardal di.

Mae'n bwysig gwybod am dy ardal. Mae'n ddiddorol gwybod am chwedlau dy ardal di.

Mae llyfr llafar (*audio book*) o'r llyfr yma ar wefan www.ffolio.cymru hefyd.

Mynediad
(Entry)

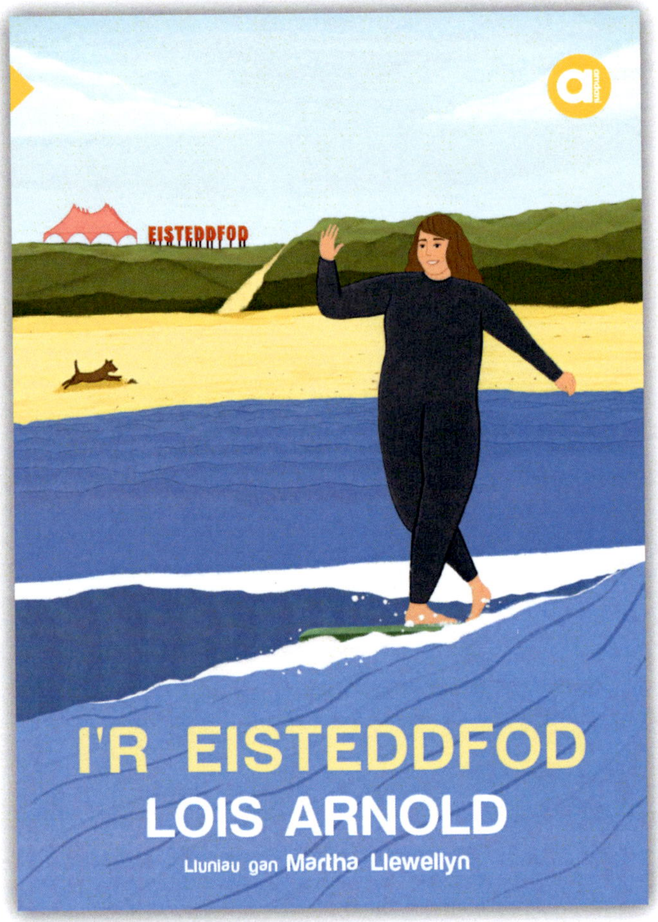

I'R EISTEDDFOD
LOIS ARNOLD
Lluniau gan Martha Llewellyn

Mae Catrin yn symud o Lundain i Borth-glas. Mae hi eisiau rhedeg Gwely a Brecwast ar lan y môr.

Dyw e ddim yn hawdd. Ond mae Catrin yn hapus. Mae hi'n gwneud ffrindiau newydd. Cael ci o'r enw Roxi. Dechrau dysgu syrffio. Ac mae hi'n mwynhau helpu codi arian at yr Eisteddfod.

Ond dyw'r ffermwr Denis Dymock ddim yn hoffi Catrin. Dyw e ddim eisiau 'Idiots Gwely a Brecwast' Catrin yma. A dyw e ddim yn hoffi'r Eisteddfod…

Mynediad
(Entry)

Mae Stryd y Bont yn dilyn hanes pobl sy'n byw ar yr un stryd mewn tref yng Nghymru. Pa gyfrinachau sydd ganddyn nhw? Pwy sy'n adnabod pwy, ac a ydy cymeriadau Stryd y Bont yn adnabod eu cymdogion mewn gwirionedd?

Nofel yn sôn am ddiwrnod ym mywyd Sophie, sydd ar ei ffordd i fod yn ecstra mewn ffilm, ond mae nifer o ddigwyddiadau yn ei rhwystro rhag cyrraedd y set. Mae'n gorfod ymweld â swyddfa'r heddlu sawl gwaith, ond does dim ots ganddi, oherwydd mae'n ffansïo'r plismon yno!

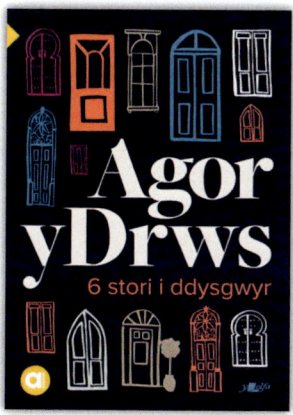

6 stori fer, ysgafn, wreiddiol, tua 1,000 o eiriau yr un, ar gyfer Lefel Mynediad gan Mererid Hopwood, Mared Lewis, Meleri Wyn James, Elin Meek, Cynan Llwyd a Lois Arnold.

Sylfaen
(Foundation)

TRYSOR GARN FADRYN
ANNI LLŶN

LLUNIAU GAN ELIN VAUGHAN CROWLEY

Mae Ceri wedi symud yn ôl i bentre Garn Fadryn ym Mhen Llŷn. Mae hi'n symud i hen dŷ ei nain i redeg Gwely a Brecwast. Mae'r tŷ ger Mynydd y Garn. Aneirin ydy'r person cynta i ddod i aros yna. Ond mae rhywbeth yn rhyfedd amdano fo. Mae gynno fo obsesiwn gyda'r mynydd. Ar noson stormus mae Aneirin a Ceri yn dod o hyd i rywbeth arbennig. Yn fuan iawn mae'r heddlu yn chwilio am Aneirin ac yn chwilio am atebion.

Canolradd
(Intermediate)

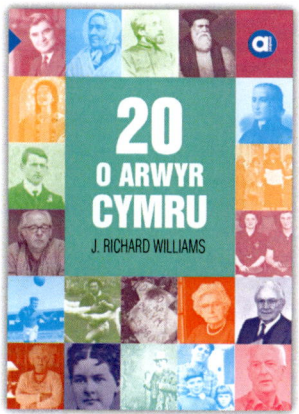

Yn y geiriadur mae 'arwyr' yn cael eu disgrifio fel pobl ddewr iawn, neu bobl gyda gallu anhygoel. Maen nhw'n bobl sy'n gwneud pethau rhyfeddol yn eu cyfnod – pethau sy'n newid y byd, rhywsut. Yn y llyfr hwn dw i wedi dewis rhai Cymry dw i'n meddwl sydd wedi newid Cymru a'r byd. Mae'r arwyr yma i gyd wedi marw erbyn hyn. Mae llawer iawn mwy o bobl baswn i'n gallu rhoi ar y rhestr, wrth gwrs, ond am rŵan, dyma 20 o arwyr arbennig. Arwyr o Gymru.

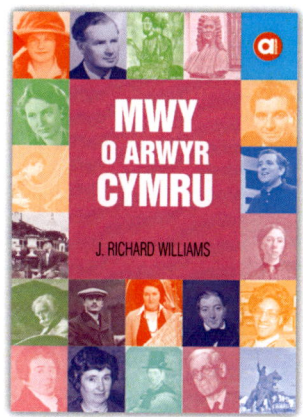

Mae hi'n bwysig cofio a dathlu arwyr Cymru. Maen nhw'n bobl sydd wedi newid hanes, newid Cymru, ac efallai newid y byd. Ar ôl ysgrifennu'r llyfr cyntaf, *20 o Arwyr Cymru*, roedd yr awdur yn teimlo bod llawer iawn mwy o arwyr diddorol, felly dyma ugain arall i chi ddarllen amdanyn nhw. Dyma hanes mwy o arwyr Cymru.

Mae llyfrau llafar (*audio books*) o'r rhain ar wefan www.ffolio.cymru hefyd.

Mwynhau dysgu Cymraeg

Mae miloedd o bobl yn mwynhau dysgu Cymraeg gyda dysgucymraeg.cymru

- ▲ Mae'n bosib dilyn cwrs ar sawl lefel — yn ystod y dydd neu'r nos.
- ▲ Mae adnoddau digidol (*digital resources*) am ddim i'ch helpu.
- ▲ Mae cyfleoedd (*opportunities*) i chi siarad Cymraeg.

- ▲ Mae cyrsiau blasu ar-lein i ddechreuwyr.
- ▲ Mae cyrsiau ar gyfer rhieni a gofalwyr plant bach.
- ▲ Mae cyrsiau ar gyfer gweithwyr.

dysgucymraeg.cymru
learnwelsh.cymru

Mae croeso cynnes i bawb
Ewch i dysgucymraeg.cymru